LA VIDA
empieza en
EL MAR

3 3988 10000998 1

Las palabras destacadas en el texto
en *cursiva* están explicadas en la página 32.

Dirección científica y redacción:
Andreu Llamas
Ilustración: Luis Rizo

Realizaciones: Ediciones Este, S.A.
Director Editorial: Josep M. Parramón Homs
Editor: Isidro Sánchez
Layout: Roger Hebrard
Diseño gráfico: Rosa M. Moreno

© Ediciones Este, S.A. 1995
I.S.B.N. 84-89515-04-2
Depósito legal: B-33.143-1995

Edición Especial para Chelsea House Publishers
I.S.B.N. Colección: 0-7910-4026-7
I.S.B.N. La Vida empieza en el Mar: 0-7910-4027-5
                                        0-7910-4028-3 (rústica)

Fotocomposición y fotomecánica: Fimar, S.A
Barcelona (España)
Impresión: Carvigraf. Barcelona (España)
Impreso en España

Las edades de la Tierra

LA VIDA empieza en EL MAR

CHELSEA HOUSE PUBLISHERS
New York • Philadelphia

Los mares se llenan de agua

La Tierra se originó hace más de 4.500 millones de años, y al principio era una gran bola de gases y materia incandescente. Durante sus primeros 500 millones de años, la superficie de la Tierra estaba cubierta por grandes "océanos" de roca fundida, de la que surgían enormes columnas de lava, gases y vapor de agua, que se elevaban a cientos de metros de altura (más altas que cualquier rascacielos). Como puedes suponer, en ese ambiente "infernal" todavía no había vida en la Tierra.

Los mares se formaron al mismo tiempo que las rocas de la corteza terrestre se endurecían. El *dióxido de carbono* y el vapor de agua que habían sido expulsados desde el interior del planeta hacia las capas altas de la atmósfera, se agruparon en masas de tenebrosas nubes que envolvieron la Tierra en una oscuridad total. Entonces, empezaron a caer las primeras gotas de agua, que se transformaron en unas lluvias torrenciales que duraron siglos y más siglos. Incluso es posible que durante 1.000 años la luz del sol no consiguiera atravesar esa impresionante cortina de agua y tinieblas.

En los primeros momentos de la formación de la Tierra, la superficie estaba cubierta con "mares" de roca fundida, de los que brotaban gigantescas columnas de lava y de gases.

Durante miles de años la Tierra estuvo rodeada por tenebrosas nubes, que descargaron un diluvio interminable que formó los océanos.

Cuando el agua llegaba al suelo, que todavía estaba muy caliente, se volvía a vaporizar. Pero con el tiempo la corteza de la Tierra se fue enfriando, y las gotas de agua empezaron a formar los primeros charcos: cuando por fin las nubes empezaron a despejarse, bajo la luz del sol se extendían los primeros océanos, que tenían una composición diferente a la actual, ya que todavía no tenían sales.

Cuando terminaron las lluvias y la corteza terrestre se enfrió, las primeras montañas sobresalían ya sobre el inmenso océano primitivo.

El despertar de la vida

Durante los primeros 1.000 millones de años de la Tierra, apareció la vida en las aguas del océano primitivo. Al principio los seres vivos eran diminutos y no tenían partes duras en su cuerpo, así que no han quedado fósiles de ellos. Las primeras formas de vida de las que tenemos fósiles son los *estromatolitos*, que son unas estructuras rocosas redondeadas con un tamaño que varía entre unos centímetros y varios metros de diámetro; en el interior de estas formaciones se conservan los restos de primitivos microorganismos, tales como las bacterias, *cianobacterias* o algas cianofíceas. Estas primeras formas de vida descubrieron un nuevo sistema para aprovechar la energía que llegaba del Sol: "inventaron" la *fotosíntesis*.

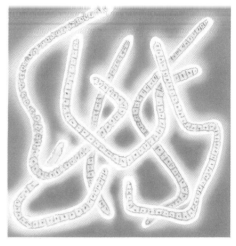

Éste es el aspecto que tienen las algas cianofíceas vistas a través de un microscopio. Los científicos creen que fueron las primeras formas de vida sobre la Tierra.

El agua del océano primitivo estaba repleta de nuevas formas de vida: cianoflagelados (1), protozoos (2), volvox (3), esponja (4), gusano (5), medusa primitiva (6).

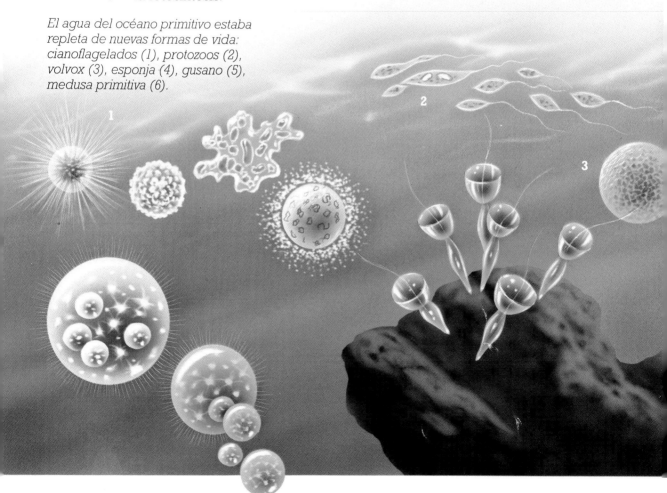

La consecuencia más importante de la actividad fotosintética de estos microorganismos fue que empezaron a fabricar una gran cantidad de oxígeno que se desprendió hacia la atmósfera, y la composición del aire cambió hasta convertirse en el aire tal como lo respiramos hoy en día.

Un momento muy importante en la evolución fue el paso de los organismos unicelulares (formados por una sola célula) a los pluricelulares como nosotros, en los que hay células diferentes que tienen distintas misiones en el organismo.

Poco a poco fueron apareciendo animales cada vez más complicados: las esponjas, las medusas, etc.

600 millones de años: formas animales pluricelulares.

1.500 millones de años: primeras células eucariotas.

2.500 millones de años: algas cianofíceas.

3.500 millones de años: primeros fósiles de estromatolitos.

4.000 millones de años: primeras rocas sedimentarias.

PRIMERAS ETAPAS DE LA VIDA EN LA TIERRA

Esta formación de estromatolitos está formada por fósiles con más de 3.000 millones de años de antigüedad.

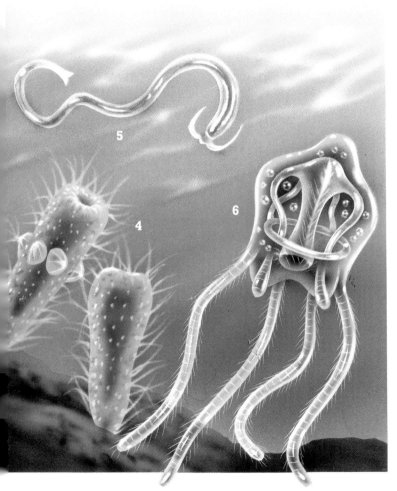

Los primeros vertebrados

Hace unos 500 millones de años, aparecieron en el mar unos animales sin mandíbulas ni dientes, y que se alimentaban succionando las diminutas partículas nutritivas del plancton superficial o del barro del fondo oceánico: eran los *agnatos* o "peces sin mandíbulas", que se extendieron por los mares, ríos y lagos del hemisferio norte durante más de 100 millones de años.

Los movimientos de los agnatos eran un poco torpes, ya que carecían de aletas pares que les ayudaran a estabilizarse mientras nadaban. Estos peces no tenían huesos, y su esqueleto interno estaba formado completamente por cartílago.

Una de las características más misteriosas de estos animales es que su cabeza y la parte anterior del

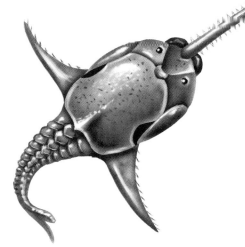

Doryaspis, a pesar del peso de su coraza, era un buen nadador debido a sus alerones laterales. Además presentaba una extraña prolongación frontal con muchas púas óseas, que sobresalía de su coraza cefálica.

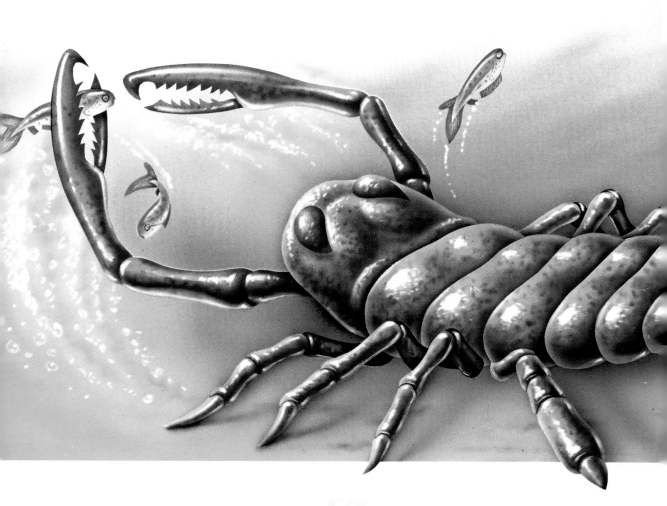

...ucncco estaban protegidas por una picanda coraza
ósea, mientras que numerosas escamas recubrían el
resto del cuerpo. Como no tenían mandíbulas, estas
corazas eran su único sistema de defensa contra
algunos de los enemigos terribles que poblaban las
aguas de los mares de entonces, como por ejemplo
los escorpiones gigantes de 2 metros de longitud.
Debido a las corazas óseas con las que se protegían,
estos primeros vertebrados reciben también el
nombre de ostracodermos que significa "piel
de concha".

La coraza de los ostracodermos les convertía en presas difíciles, así que los escorpiones gigantes preferían atrapar víctimas más indefensas, como este Pharyngolepis. Drepanaspis vivía junto al fondo, protegido por su coraza.

Boreaspis estaba protegido por unas corazas frontales con forma triangular. Además tenía un morro muy alargado con el que removía el fondo para buscar a sus presas.

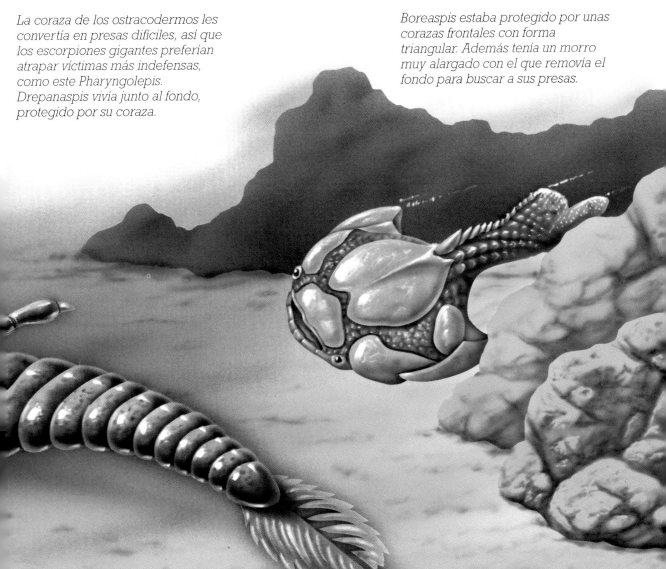

Los peces primitivos

El interior del cuerpo de un ostracodermo era muy parecido al de los vertebrados que viven hoy en día, con los mismos aparatos y órganos. ¿Cómo es posible saberlo? En realidad la coraza de los ostracodermos se fue formando alrededor de los tejidos y órganos blandos del animal, así que en los fósiles de las corazas han quedado marcadas las huellas del interior del cuerpo. Gracias a eso los científicos han podido reconstruirlos, por dentro y por fuera, de un modo casi exacto.

La gran diferencia de estos peces con respecto a los actuales es su boca circular, que era muy primitiva y no se podía mover. Estos animales utilizaban la boca para aspirar el agua y alimentarse con las partículas nutritivas que flotaban en el mar, pero eran incapaces de capturar presas. Debido a esta limitación, los ostracodermos nunca pudieron alcanzar grandes tamaños y la mayoría de ellos sólo medía unos pocos centímetros de longitud.

Durante muchos millones de años fueron los únicos animales vertebrados en los mares, ríos y lagos, y rápidamente el número de especies de ostracodermos aumentó muchísimo. Por otra parte, muchos de sus enemigos, como los escorpiones gigantes, se fueron extinguiendo. Por esta razón la coraza protectora se fue haciendo cada vez más ligera, e incluso desapareció en algunas especies.

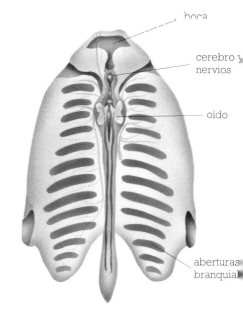

En el interior de la coraza de los ostracodermos se han conservado fosilizadas las huellas de muchos de sus órganos internos.

Hemicyclaspis (1) nadaba muy bien. Tenía dos alerones que actuaban como aletas pectorales y le ayudaban a impulsarse hacia arriba.
Jamoytius (2) era un agnato que no tenía coraza. Su cuerpo estaba cubierto por escamas delgadas y era muy flexible. Su boca redonda y succionadora le permitía alimentarse como un parásito de otros peces, igual que las lampreas actuales.
Thelodus (3) tampoco tenía coraza, y se alimentaba buscando comida en el fondo del mar.

La extraordinaria invención de la boca móvil

Hace unos 400 millones de años surgió una nueva adaptación animal, que sería muy importante para la evolución de las futuras especies: por primera vez apareció una boca con mandíbulas, capaz de abrirse y cerrarse, y que estaba armada de dientes.
Las técnicas para conseguir alimento que hasta entonces se habían utilizado cambiaron muchísimo, ya que a partir de este momento el animal no tenía que depender de los animales *planctónicos* ni de las partículas nutritivas del fondo de los océanos, y podía cazar directamente su alimento, consiguiendo grandes cantidades de comida.
Esta nueva manera de proveerse de alimento era tan eficaz, que los animales con mandíbulas desplazaron en poco tiempo a casi todas las formas anteriores, que se extinguieron. Ningún animal era capaz de resistir a las nuevas especies con mandíbulas, que

BOCA INMÓVIL

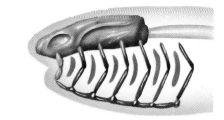

BOCA MÓVIL

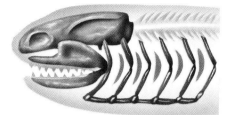

gracias a su nuevo sistema de alimentación fueron aumentando mucho de tamaño y de peso, hasta que llegaron a alcanzar enormes dimensiones: las primitivas formas sin mandíbulas (que medían algunos centímetros y pesaban unos gramos), se vieron inevitablemente sustituidas por animales que podían llegar a pesar cientos de kilos y sobrepasar una longitud de varios metros.

Uno de los depredadores más impresionantes de esa época era Dinichthys (su nombre significa "pez del miedo") que podía medir más de 8 metros y tenía unas mandíbulas muy poderosas.

La boca de los animales fue evolucionando para ser cada vez más poderosa, con mandíbulas más fuertes y dientes más afilados, como en este temible Hybodus.

Dinichthys era un gigantesco placodermo que tenía unas mandíbulas muy poderosas, armadas con afiladas placas dentarias en vez de dientes.

Los peces se protegen con armaduras

A principios del período Devónico, hace unos 400 millones de años, aparecieron unos curiosos peces que protegían su cuerpo con poderosas armaduras: eran los placodermos. La palabra placodermo significa "piel en placas", y nos indica que estos animales tenían una coraza exterior formada por duras placas de tejido óseo colocadas de forma simétrica. Esta armadura protegía el cráneo y la parte delantera del cuerpo, de modo que sólo la cola estaba desnuda o cubierta de escamas.

Este grupo sobrevivió durante 100 millones de años, y a lo largo de este tiempo se diversificó en un gran número de especies. Debido al gran peso de su coraza, muchos placodermos vivían apoyados sobre el fondo del mar; sin embargo, existían otras especies que eran muy buenas nadadoras, ya que tenían unas armaduras que pesaban menos.

Todos los placodermos tenían bocas móviles con mandíbulas, lo que les convertía en poderosos depredadores, y en vez de dientes individuales presentaban unas anchas placas dentarias que les servían para moler las conchas más resistentes.

En esa época los placodermos ocupaban todas las zonas acuáticas de la Tierra, y fue entonces cuando aparecieron dos nuevas líneas evolutivas de peces, que prefirieron aligerarse del peso de las corazas: eran los peces cartilaginosos y los peces óseos. Eran mejores nadadores y tenían la boca más evolucionada que los primitivos placodermos, así que podían conseguir más fácilmente el alimento.

Estas dos nuevas líneas de peces dieron lugar a los miles de especies que viven actualmente, y en cambio no ha sobrevivido ninguna especie de placodermo, ya que no pudieron resistir la competencia de las nuevas especies, que estaban mejor adaptadas.

GROENLANDASPIS (7,5 cm)
Se mantenía apoyado sobre el fondo, y había desarrollado un sistema de "bisagra" que le permitía abrir mucho la boca sin mover la mandíbula inferior.

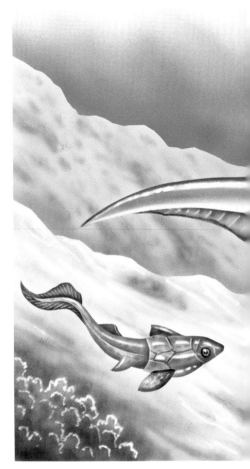

Aspecto frontal de la cabeza de un placodermo (Rhinosteus): puedes ver la colocación de las pesadas placas óseas que formaban la coraza protectora.

COCCOSTEUS (40 cm)
La forma de su cuerpo estaba muy perfeccionada. Podía abrir la boca más que el Groenlandaspis y tragar presas mucho mayores.

BOTHRIOLEPIS (30 cm)
Tenía una de las corazas más pesadas y resistentes de la época, así que se mantenía junto al fondo, con la cola levantada mientras buscaba partículas nutritivas entre la arena.

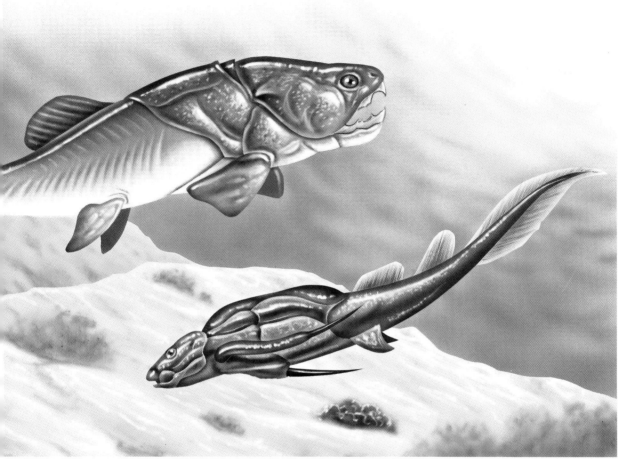

El esqueleto de un pez cartilaginoso, como este tiburón, está formado totalmente por cartílago.

El esqueleto de un osteíctio o pez óseo está formado por hueso: puedes ver el gran número de radios óseos que refuerzan el interior de las aletas y de la cola.

Monstruos del mar

Hace unos 400 millones de años, durante el período Silúrico, el mar era el dominio de los invertebrados. Los peces, los primeros vertebrados, aún no habían empezado a proliferar.

Unos de los pobladores más antiguos de los mares de este período fueron los trilobites. Tenían el cuerpo recubierto por una gruesa coraza, de la que salían numerosas patas. Vivían en el fondo del mar, buscando su comida entre el lodo.

Verdaderos monstruos del mar eran los nautiloideos, antepasados de los actuales calamares gigantes. Superaban los 4 metros de longitud y tenían doce poderosos tentáculos. Para parecer aún más aterradores, la enorme cabeza –provista de grandes y prominentes ojos– salía de una larguísima concha.

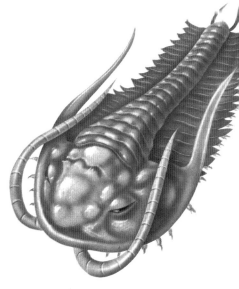

El cuerpo del trilobites estaba acorazado con un grueso caparazón, que le protegía como una armadura. A medida que crecía, renovaba el caparazón.

Pero aun más impresionante era el aspecto del escorpión gigante marino.

Poseía una cabeza grande, de la que salían dos gruesas patas, al extremo de las cuales había unas afiladas pinzas. A los lados de la cabeza, tenía otros cuatro pares de patas, que utilizaba para caminar, arrastrándose por el fondo de los océanos prehistóricos, a la caza de presas. Disponía además de dos aletas, que usaba para impulsarse mientras nadaba.

Los escorpiones gigantes fueron unos de los mayores depredadores del mar en este período. Pterygotus, uno de los miembros de la familia, llegó a medir más de 2,5 metros de longitud y sus enormes pinzas hicieron de él el terror de los mares.

Algunos nautiloideos podían enrollar su larga concha, como un caracol. Esta concha era una dura y eficaz protección.

Hace 400 millones de años, enormes invertebrados, como los nautiloideos y los escorpiones marinos, fueron los reyes del mar.

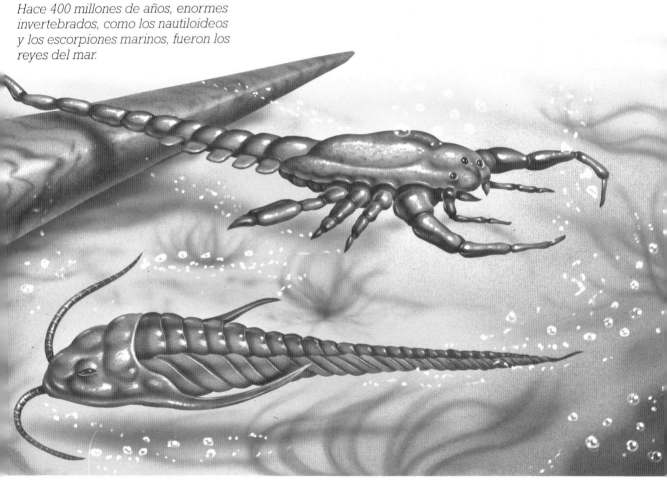

Dunkleosteus, el pez acorazado

Dunkleosteus fue un monstruo del mar, que vivió hace unos 350 millones de años y luego se extinguió. Tenía el cuerpo acorazado con una gruesa armadura de hueso.

La «edad de los peces», que se desarrolló hace entre 400 y 350 millones de años, fue la época de esplendor de innumerables especies de peces, que habían evolucionado a partir de los peces primitivos, sin mandíbulas ni aletas.

Los primeros peces auténticos, antepasados de los actuales *peces* óseos, desarrollaron posteriormente mandíbulas y tenían aletas. Pero poseían una característica que los diferenciaba enormemente de sus actuales parientes: tenían el cuerpo cubierto por gruesas y durísimas placas de hueso. Eran los feroces peces acorazados, verdaderas tanquetas marinas. Pero aun siendo los peces acorazados criaturas impresionantes, algunos de los miembros de la familia lo fueron más que otros.

Tal vez el más terrorífico de todos fue Dunkleosteus, uno de los peces más grandes que hayan existido nunca en los océanos prehistóricos: ¡midió más de 9 metros de longitud!

Pero con ser tan enorme, tal vez lo más aterrador era su cabeza, con más de medio metro de anchura y una enorme boca, de la que sobresalían los dientes, armados con colmillos en punta.

Tenía el lomo recubierto por una gruesa coraza y era un sanguinario cazador, al que temían todos los demás animales marinos, incluido Cladoselache, el tiburón primitivo.

Sin embargo, la época de apogeo de este feroz cazador del mar duró poco. Hace unos 300 millones de años, se extinguió, sin que se sepan muy bien las causas. Tal vez otro monstruo pasó a ocupar su lugar en el mar.

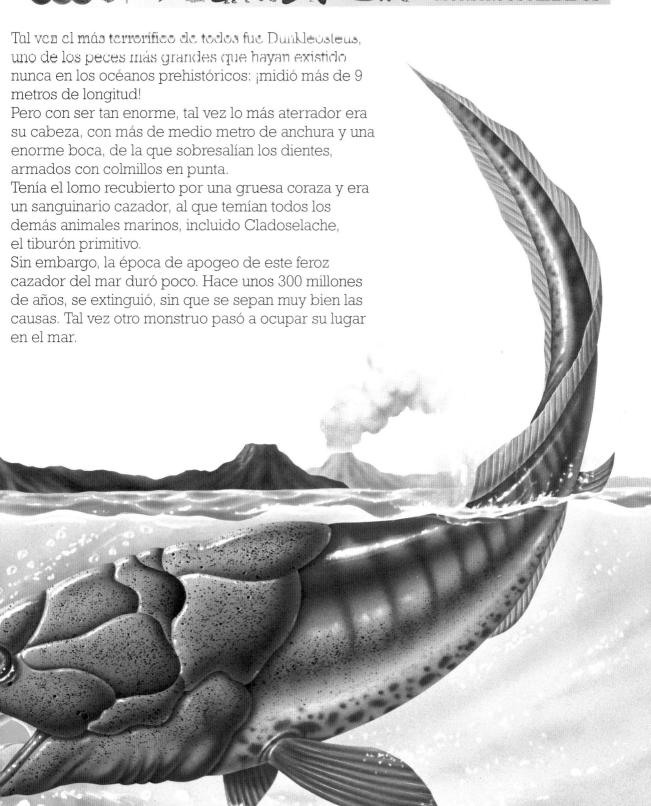

La manta

Las mantas son unos peces espectaculares que están emparentados con las rayas y los tiburones. La manta vive nadando en mar abierto, alimentándose de plancton y pequeños peces. Puede llegar a alcanzar hasta 1.400 kilos de peso y más de 7 metros de anchura. Las primeras mantas aparecieron hace unos 200 millones de años, pero sus antepasados se remontan a muchos millones de años antes.

No prooontaba escamas en el cuerpo, excepto en los bordes de las aletas y alrededor de los ojos.

NOMBRE:	Arandaspis
ÉPOCA:	principios del Ordoviciense (hace 500 millones de años)
TAMAÑO:	15 centímetros de longitud

Presentaba una coraza cefálica, formada por dos grandes placas óseas, con aberturas para los ojos y las *agallas*.

Se alimentaba en el fondo del mar y tenía una boca sin mandíbulas situada en la parte inferior de la cabeza.

No tenía aletas que le ayudaran a estabilizarse mientras nadaba.

La parte superior de la cola era mayor que la inferior. Esto le ayudaba a mantener una posición inclinada mientras succionaba el alimento.

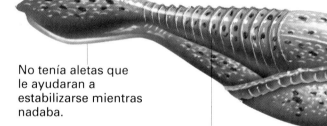

Su piel era áspera, como la de los tiburones, debido a las pequeñas escamas óseas con salientes puntiagudos que cubrían la parte posterior del cuerpo.

NOMBRE:	Hemicyclaspis
ÉPOCA:	principios del Devónico (hace 400 millones de años)
TAMAÑO:	13 centímetros de longitud

La cabeza era más hidrodinámica, ya que la coraza cefálica en forma de *quilla* le permitía desplazarse mejor en el agua.

Nadaba mejor, ya que tenía una aleta dorsal que estabilizaba el cuerpo y dos alerones laterales que le impulsaban hacia arriba.

La cabeza todavía no tenía el morro puntiagudo que tienen los tiburones actuales.

NOMBRE: Cladoselache
ÉPOCA: finales del Devónico (hace 350 millones de años)
TAMAÑO: 1,8 metros de longitud

Ya era un poderoso cazador: tenía mandíbulas móviles, y su boca estaba llena de afilados dientes con los que desgarrar a sus presas.

Respiraba a través de las agallas, utilizando de 5 a 7 pares de hendiduras.

Su cuerpo estaba muy bien dotado para la natación: tenía dos aletas pélvicas, dos aletas dorsales y dos grandes aletas pectorales.

Delante de cada una de las aletas dorsales presentaba una púa resistente.

Estaba tan bien adaptado que vivió durante más de 200 millones de años.

El diseño de las aletas pectorales y pélvicas había mejorado mucho, y ahora eran más flexibles y maniobrables, por lo que nadaba mejor.

La cola ya no era simétrica. El lóbulo superior se había transformado en una potente aleta propulsora.

NOMBRE: Tristychius
ÉPOCA: principios del Carbonífero (hace 300 millones de años)
TAMAÑO: 60 centímetros de longitud

NOMBRE. Spathobathis
ÉPOCA: finales del Jurásico
(hace 100 millones de años)
TAMAÑO: 50 centímetros de longitud

Los ojos y los *espiráculos* están ahora en la parte superior de la cabeza. Así podían ver y respirar mientras descansaban sobre el fondo.

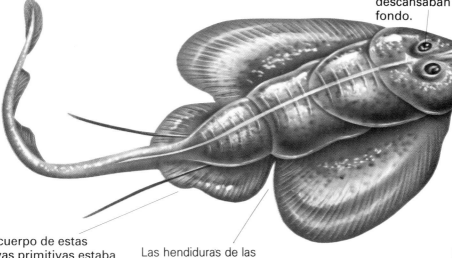

Los dientes eran anchos y aplanados, para poder moler los caparazones de los crustáceos que capturaba.

El cuerpo de estas **rayas primitivas** estaba muy "aplastado" para adaptarse mejor a la vida en el fondo del mar.

Las hendiduras de las agallas y la boca estaban en la cara ventral del cuerpo.

Las temibles mandíbulas pueden abrirse mucho y ser proyectadas hacia adelante, gracias a una articulación móvil de los huesos de la mandíbula superior.

El cerebro y las zonas sensoriales (especialmente el olfato) han aumentado de tamaño, por lo que es capaz de detectar mejor los estímulos externos.

Para resistir los movimientos laterales del cuerpo al nadar, la columna vertebral se ha impregnado con calcio.

NOMBRE: Scapanorhynchus
ÉPOCA: Cretácico (hace 150 millones de años)
TAMAÑO: 50 centímetros de longitud

NOMBRE: Sclerorhynchus
ÉPOCA: finales del Cretácico
(hace 70 millones de años)
TAMAÑO: 1 metro de longitud

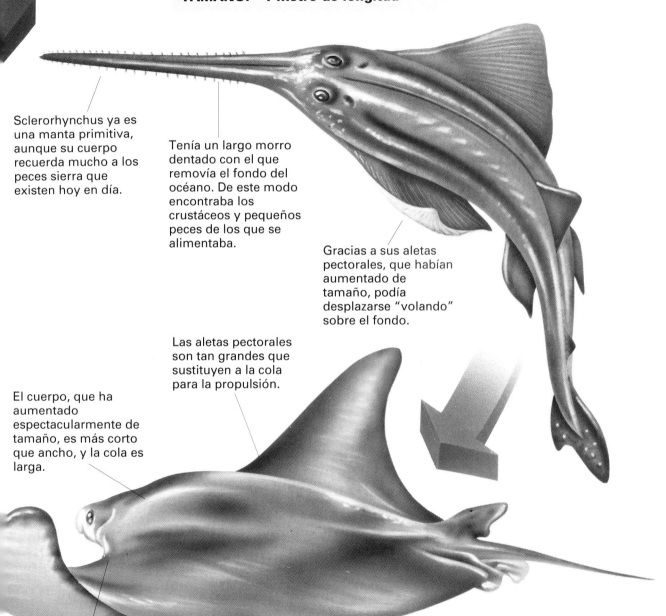

Sclerorhynchus ya es una manta primitiva, aunque su cuerpo recuerda mucho a los peces sierra que existen hoy en día.

Tenía un largo morro dentado con el que removía el fondo del océano. De este modo encontraba los crustáceos y pequeños peces de los que se alimentaba.

Gracias a sus aletas pectorales, que habían aumentado de tamaño, podía desplazarse "volando" sobre el fondo.

Las aletas pectorales son tan grandes que sustituyen a la cola para la propulsión.

El cuerpo, que ha aumentado espectacularmente de tamaño, es más corto que ancho, y la cola es larga.

Las aletas pectorales están expandidas hacia adelante y se han fusionado a los lados de la cabeza.

NOMBRE: Manta
ÉPOCA: hoy
TAMAÑO: 7 metros de ancho

El pez espada

El pez espada es uno de los mejores nadadores que existen en el mar. Todo su cuerpo está diseñado para moverse con facilidad y rápidamente bajo el agua. Sus antepasados prehistóricos eran también muy buenos nadadores, aunque seguramente no tan veloces. A lo largo de la evolución, el "diseño" del cuerpo del pez espada ha ido modificándose hasta llegar a su estilizada forma actual.

La boca estaba llena de afilados dientes que eran continuamente sustituidos cuando se gastaban.

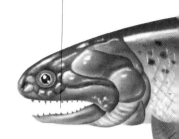

Poseía un dispositivo primitivo para controlar su flotabilidad: conectados con la garganta tenía dos "sacos aéreos" que se hinchaban cuando el pez lo necesitaba.

NOMBRE: **Climatius**
ÉPOCA: **finales del Silúrico (hace 410 millones de años)**
TAMAÑO: **7,5 centímetros de longitud**

La piel estaba recubierta por escamas óseas, que formaban una coraza en la parte superior de la cabeza y en el dorso.

La mandíbula superior carecía de dientes, pero la inferior estaba repleta de pequeños dientes que se renovaban continuamente.

Era muy buen nadador, gracias a sus aletas estabilizadoras y a su potente cola, que tenía el lóbulo superior más grande que el inferior.

Tenía su cuerpo repleto de aletas y espinas que eran su sistema de defensa, ya que así era muy difícil de "tragar".

La cola era muy poderosa, y en la parte superior estaba reforzada por una fila de grandes escamas.

NOMBRE: **Cheirolepis**
ÉPOCA: **mediados del Devónico (hace 385 millones de años)**
TAMAÑO: **55 centímetros de longitud**

Estaba recubierto de pequeñas escamas romboides colocadas en filas y diagonales, y endurecidas con una especie de esmalte.

NOMBRE: Palaeonicoum
ÉPOCA: finales del Pérmico
(hace 250 millones de años)
TAMAÑO: 30 centímetros de longitud

Era un nadador rapidísimo, gracias a su cuerpo en forma de torpedo y a su fuerte cola; la posición de la aleta dorsal ayudaba a mantener la estabilidad en los desplazamientos a gran velocidad.

Vivía en agua dulce, y era un eficaz depredador que capturaba a sus presas guiándose por sus grandes ojos.

Tenía afilados dientes, y las mandíbulas se abrían tanto que podía engullir presas de más de 35 cm de longitud.

La mandíbula superior no tenía dientes, y se había alargado transformándose en una larga aguja.

La piel del cuerpo estaba revestida por gruesas escamas protectoras.

Cuando nadaba, las aletas pectorales y pélvicas mantenían la dirección, y las aletas dorsal y anal le ayudaban a conservar la estabilidad.

Fue uno de los primeros peces óseos (Osteíctios) en evolucionar, y presentaba ya un esqueleto interno osificado.

Fue un temible depredador. La forma de su cuerpo y la poderosa cola simétrica le permitían moverse a gran velocidad.

NOMBRE: Aspidorhynchus
ÉPOCA: mediados del Jurásico
(hace 170 millones de años)
TAMAÑO: 60 centímetros de longitud

NOMBRE: Pez espada
ÉPOCA: hoy
TAMAÑO: 2 a 3,5 metros de longitud
(máximo 4,9 metros)

La mandíbula superior se ha alargado de forma parecida a una espada, que en los adultos mide una tercera parte de la longitud total del pez.

Las aletas pectorales son muy largas y puntiagudas, y sirven para mantener la estabilidad del cuerpo cuando se desplaza.

Tenía la piel protegida por resistentes escamas romboides recubiertas de esmalte, más pequeñas que las de sus antepasados y que le permitían más movilidad.

La musculatura de las mandíbulas estaba muy desarrollada, y la boca tenía dientes arriba y abajo: la mordedura de este pez era muy potente.

La cola era parecida a la de algunas especies actuales: tenía forma de media luna, pero en su interior había muchos más radios óseos que en los peces modernos.

NOMBRE: Hypsocormus
ÉPOCA: finales del Jurásico
(hace 150 millones de años)
TAMAÑO: 1 metro de longitud

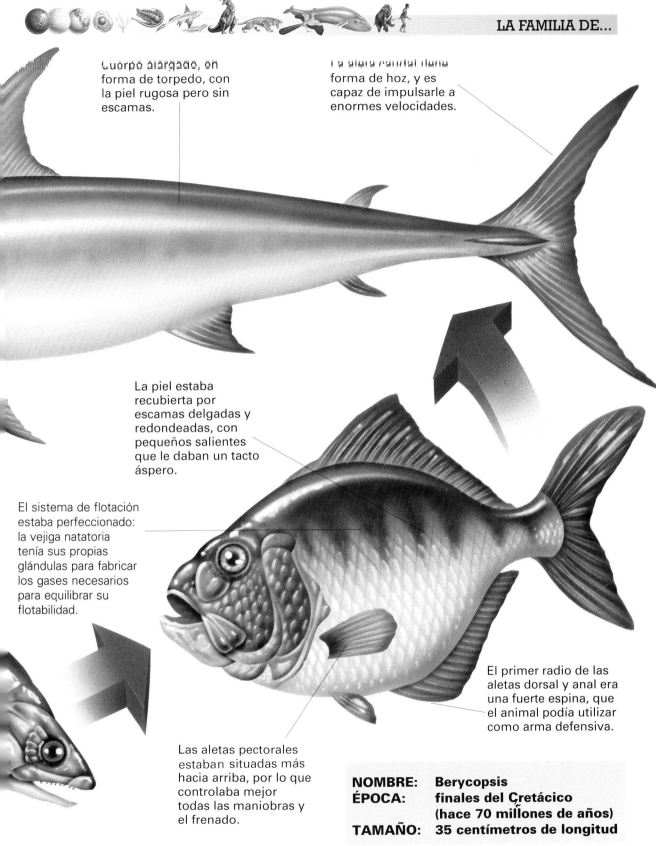

Cuerpo alargado, en forma de torpedo, con la piel rugosa pero sin escamas.

La aleta caudal tiene forma de hoz, y es capaz de impulsarle a enormes velocidades.

La piel estaba recubierta por escamas delgadas y redondeadas, con pequeños salientes que le daban un tacto áspero.

El sistema de flotación estaba perfeccionado: la vejiga natatoria tenía sus propias glándulas para fabricar los gases necesarios para equilibrar su flotabilidad.

El primer radio de las aletas dorsal y anal era una fuerte espina, que el animal podía utilizar como arma defensiva.

Las aletas pectorales estaban situadas más hacia arriba, por lo que controlaba mejor todas las maniobras y el frenado.

NOMBRE:	**Berycopsis**
ÉPOCA:	**finales del Cretácico (hace 70 millones de años)**
TAMAÑO:	**35 centímetros de longitud**

Fósiles de animales de cuerpo blando

La inmensa mayoría de los fósiles que se encuentran corresponden a las partes más duras de animales primitivos, como los dientes, caparazones, huesos, etc. Sin embargo, muchos animales y, en especial, los primeros seres vivos que poblaron el planeta carecían de partes duras en sus cuerpos (piensa en las medusas, por ejemplo); entonces, ¿cómo podemos saber algo de ellos?

Para que se conserven las partes blandas de un animal se necesita mucha suerte, ya que casi siempre desaparecen rápidamente tras la muerte, devorados por otros animales o por procesos de disgregación, *putrefacción*, etc. Es necesaria la combinación de tres factores:

– en primer lugar, el cadáver del animal tiene que quedar sepultado rápidamente en sedimento.

– en segundo lugar, la zona debe haber estado sometida a muy pocos agentes geológicos, como presión; erosión, etc.

– por último, el fósil debe formarse en un ambiente en el que no actúen los principales agentes de la destrucción inmediata de cadáveres (oxígeno,

A veces, algunos animales sin esqueleto pueden fosilizarse y conservarse perfectamente, como este insecto que murió atrapado por una gota de resina; la resina que le mató le ha permitido conservarse intacto hasta nuestros días.

Un yacimiento prehistórico se excava hoy día con potentes explosivos o con modernas excavadoras. Pero el minucioso trabajo de desenterrar un fósil sigue haciéndose casi igual que hace cien años.

Combinando los fósiles de diferentes partes de un animal, los científicos pueden descubrir cuál era el aspecto del animal completo.

animales carroñeros, bacterias descomponedoras, etc.). Por ejemplo, las zonas pantanosas con poco oxígeno son ideales para conservar las partes blandas de los animales. Pero en este tipo de condiciones les gusta vivir a muy pocos organismos o a ninguno: ¡a veces, los mejores ambientes para conservar partes blandas no tienen a nadie a quien conservar!

◀ *El temible Dunkleosteus ha muerto y ha ido a parar al fondo del océano; aunque la coraza resiste, las partes de tejido blando se descomponen con rapidez.*

▶ *Sobre los restos se acumulan capas de sedimentos que los protegen y empiezan el proceso de fosilización. El interior del cuerpo se ha disuelto totalmente, y es rellenado con otros minerales.*

¿Cómo se forma el fósil de la armadura de un pez?

Cuando una planta o un animal mueren, sus restos suelen ser comidos por otros animales, o destruidos por los elementos atmosféricos. Sin embargo, algunas veces los restos son rápidamente enterrados por la arena, el barro, etc., y de este modo, quedan protegidos. Con el paso del tiempo, la protección aumenta al irse depositando encima nuevas capas de *sedimentos*, y algunas sustancias químicas pueden favorecer la mejor conservación de los restos. Las partes orgánicas menos resistentes van desapareciendo y los espacios que dejan son rellenados por minerales que precipitan del agua que se filtra en la roca. Algunos minerales que formaban parte del organismo, como el calcio de los huesos, son sustituidos por otros disueltos en el agua. Con el tiempo, el fósil acaba convirtiéndose en piedra.

▲ *Cada vez se van acumulando más capas de sedimentos encima de la coraza, que es comprimida con mucha fuerza. Además, algunos movimientos geológicos han cambiado la posición de las capas de sedimentos.*

Un lugar muy adecuado para la formación de fósiles son el fondo de los mares y de los lagos, ya que los restos se hunden con facilidad en el fino lodo del fondo.

En general, de los animales sólo quedan fosilizadas las partes más duras: caparazones, esqueletos, conchas, escamas, dientes, etc. Cuando el animal tiene partes muy resistentes en el exterior de su cuerpo, como en el caso de las "armaduras" de los peces placodermos, se pueden hacer moldes y modelos a partir de los restos enterrados, de modo que es posible ver la forma completa del cuerpo de un animal que murió hace millones de años.

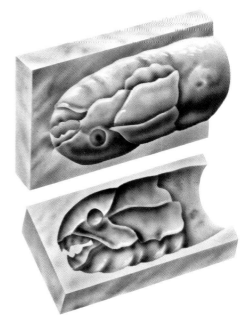

El molde de este temible Dunkleosteus se formó al endurecerse los sedimentos que recubrían su cuerpo; al disolverse los restos, se ha rellenado el molde con otros minerales, formando un modelo.

◀ *Poco a poco el viento, la lluvia y otras causas naturales van erosionando la superficie del suelo, así que el fósil cada vez está más cerca del exterior.*

▶ *Finalmente la erosión ha llegado hasta la capa en la que está enterrado el fósil, y alguna de sus partes ya es visible desde el exterior.*

Glosario

agallas. Son las branquias de los peces. A través de ellas los peces extraen del agua el oxígeno que necesitan para vivir.

agnatos. Son peces que no tienen mandíbula.

cartílago. Es un tipo de tejido del organismo que sirve para reforzar las estructuras del cuerpo, y es más flexible que el tejido óseo.

cianobacterias. Son bacterias del grupo de las bacterias azules; los científicos creen que fueron uno de los primeros pobladores del planeta.

dióxido de carbono. Es un gas que contiene la doble cantidad de oxígeno que de carbono; los seres vivos lo expulsamos en la espiración,

espiráculos. Orificios situados detrás de los ojos de los tiburones y de otros animales; a través de ellos entra el agua hacia las branquias, para la respiración.

estromatolitos. Son los fósiles más antiguos de seres vivos.

fotosíntesis. Es el proceso que llevan a cabo las plantas, con la ayuda de la energía del sol, para transformar materia inorgánica en materia orgánica

peces óseos. Son peces que tienen su esqueleto formado por huesos.

plancton. Conjunto de seres que viven tanto en los mares como en los lagos, y que se dejan arrastrar por las corrientes y por las mareas; la mayoría tienen un tamaño muy pequeño.

putrefacción. Es el proceso durante el cual la materia orgánica se pudre.

quilla. Es el esternón de las aves; suele estar más desarrollado que en otros animales, para que se puedan fijar los músculos que mueven las alas.

sedimento. Sustancia que se posa en el fondo después de haber estado en suspensión. Los materiales que arrastra el agua de los ríos sedimentan en el fondo cuando disminuye la fuerza y la velocidad del agua.

Índice